管理语录

（永定土楼版）

庄恩岳/著　庄研/摄

中国时代经济出版社

图书在版编目（CIP）数据

管理语录：永定土楼版 / 庄恩岳著；庄研摄.
—北京：中国时代经济出版社，2013.1

ISBN 978-7-5119-1365-4

Ⅰ. ①管… Ⅱ. ①庄… ②庄… Ⅲ. ①管理学—通俗
读物 Ⅳ. ①C93-49

中国版本图书馆 CIP 数据核字(2012)第 297410 号

书　　名：管理语录：永定土楼版
作　　者：庄恩岳　庄　研
···
出版发行：中国时代经济出版社
社　　址：北京市丰台区玉林里 25 号楼
邮政编码：100069
发行热线：（010）68350173　68312508
传　　真：（010）68320634　68320484
网　　址：www.cmepub.com.cn
电子邮箱：zgsdjj@hotmail.com
经　　销：各地新华书店
印　　刷：北京画中画印刷有限公司
开　　本：787×1092　1/32
字　　数：50 千字
印　　张：4
版　　次：2013 年 1 月第 1 版
印　　次：2013 年 1 月第 1 次印刷
书　　号：ISBN 978-7-5119-1365-4
定　　价：28.00 元
···

目录

第一部分

　　管理就是沟通、沟通、再沟通。管理的艺术在于沟通的技巧和真诚。一个企业存在的问题，只有 20% 是因为普通员工的操作失误，而 80% 源于管理者和管理制度。

管理就是把复杂的问题简单化，把混乱的事情规范化。所谓"三现"，指的是现场、现物、现实。当发生问题的时候，管理者要快速赶到"现场"去解决问题，处理矛盾。

企业管理即人的管理。领导等于"领袖＋导师"。人才是公司利润最高的商品，能够经营好人才的公司才是最终的大赢家，这是领导者的责任。卓有成效的管理者善于用人之长。用人不在于如何缩减部下的短处，而在于如何充分发挥部下的长处。

企业管理犹如修塔，如果只想往上砌砖，而忘记打牢基础，总有一天会快速倒塌。世界上没有夕阳企业，只有落后和不思进取的企业以及领导者。

一 点 感 悟

管理知识不等于管理能力，管理能力不等于管理素养。高层管理者做正确的事，中层管理者正确地做事，执行层人员把事做正确。赏善而不罚恶，则乱；罚恶而不赏善，亦乱。

企业管理必须外抓客户，内抓风险控制。客户是最好的裁判，没有优质客户群的企业，是不可能发展和兴旺的。风险控制是企业的生命。

管理从思想上来说是哲学的，从理论上来说是科学的，从操作上来说是艺术的。管理就是用合适的方法管人管事。对于不同的部下，采取不同的管理方法。

从管理的角度来讲，两点之间最短的距离不一定是一条直线，而是一条障碍最小的曲线。光培养员工勇往直前是不够的，还要培养员工在复杂的、困难的环境下完成任务的勇气和智慧。

管理就是让员工知道领导的规划，理解领导的规划，理解领导的实施计划和要求，同时让利益维系彼此。如果领导在工作中失去冷静和忍耐，只会用愤怒去指导工作，被怒火控制心情，那么只会带来管理的恶果。

一点感悟

　　管理时需要保持一种平和的心态："在人之下，以己为人，在人之上，以人为人。"要经常问自己两个问题："是否把鼓励员工当作重要的工作？是否找到了最适合激励员工的方式？"

管理不能只治流不治源。只要有问题，就有解决的希望。只要敢于正视问题，解决问题，就可以前进。

　　不能用职能管理的手推职能管理的山。领导观念不变原地游，观念一变天地宽。不要抱怨员工观念不转变，首先要检查自己的观念转变没有。

树立正念，挖掘企业正能量，提高员工素质，企业自然有力量。企业留人有"薪酬留人、情感留人和知识留人"，但是后两条更重要。

　　管理的最高境界是把不可能的事情变成可能。能够让员工把简单的事千百遍都做对，就是不简单的管理。能够让员工把公认的非常容易的事情认真地做好，就是不容易的管理。抓管理要反复抓，抓反复。

管理：最好的状态是正常；最有效的手段是平衡；最高的境界是自然。问题管理，管理问题。问题就是机遇。承担责任不是问题出现之后，而是应该在问题出现之前。

一 点 感 悟

我们所需的 80%，来自我们所做的 20%。企业之道：谁信你？谁跟你？凭什么你做老大？管理不是一味死板严格的管，而是充满爱心的管理。

管理的目的：让公司有规则，让公司有次序。管理的手段：赏罚分明。赏要由下往上赏，罚要由上往下罚。人主不公，人臣不忠也。

看书一般是从头开始看，但经营管理恰好相反，先从结局开始，为达成结局上下去不懈地努力。

　　创新管理是做大公司的唯一之路。不创新，就灭亡。创新就是创造一种最好的资源。变革，顺势而为，是企业管理的生命。创新的空间存在于企业的每个地方、每个人、每件事上。

无法评估，就无法管理。无法衡量，就无法控制。为什么少数员工常常被证明是对的，原因在于多数员工不认真。

客家土楼是世界上独一无二、神话般的山村民居建筑奇葩。

——联合国教科文组织

第二部分

　　好的管理者必定具备"上善若水"的品格，无私地帮助、培养部下，而不是给部下设置障碍。高明的领导者领导员工的思维，不高明的领导者时刻看管员工的行为。

管理者除了学识、品德以外，还要兢兢业业工作，
随时反思，才能领悟管理的要领。

　　虽然部下素质低不是管理者的责任，但是不能提高部下的素质却是管理者的责任。管理者需要具备以下八种心态：尊重之心、期望之心、合作之心、沟通之心、服务之心、赏识之心、授权之心以及分享之心。

一 点 感 悟

没思路的领导不想互动，没控制力的领导不敢互动。领导必须调动员工的工作情绪。没有什么比忙忙碌碌更容易的事情，没有什么比事半功倍更困难的事情。

　　管理者欣赏部下是一种境界，管理者善待部下是一种胸怀，管理者关心部下是一种品质，管理者理解部下是一种涵养，管理者帮助部下是一种快乐，管理者学习部下是一种智慧。

一点感悟

管理者的 12 项修炼：拟订计划、制定决策、解决问题、制定标准、成果管制、绩效考核、团队建设、领导能力、培养部下、主持会议、沟通表达、个人管理。

不善于倾听不同的声音，是公司管理者最大的无能。管理者的人品，品是上下三个口，众人的口。人格的格去掉木，就是各人的各。

君视臣如草芥，臣视君如寇仇。自始至终把人性化管理放在第一位，尊重员工是公司管理成功的关键。你奖励员工什么，就会得到什么。优秀的管理者不会让员工觉得他在受束缚和折磨。

公司领导不等于高高在上，岗位的权力不等于你的能力水平和权威。管理就是自己的行动，特别是给员工树立好的榜样。领导应该给员工创造一个充满活力、和谐的氛围。管理者必须进行问题管理，而不是危机管理。如果天天危机管理，公司也就快倒闭了。

协调能力的高低决定了一个领导是伟大还是平庸。用一个生动的故事来沟通协调，要比一套严谨的分析更能让人心悦诚服地接受，并容易心平气和地达成共识。

一点感悟

　　领导者对人才不应苛求完美，毕竟任何人都难免有些小毛病，只要无伤大雅，不必过分计较。重要的是发现其主要特点和优点。

平庸领导下跳棋，伟大领导下象棋。下象棋的精妙之处就在于，需要整合资源、协调作战。

如果你想成为一个好的企业领导，就必须每天反省自己、修正自己。领导的真被赞誉，领导的善被赞扬，领导的美被赞赏。领导的真善美在一起时，则被赞颂。

　　管理者要超越个人的力量极限，去完成个人无法完成的任务，这需要勇气与信心；同时，管理又是要通过他人去完成公司的目标，这需要谦逊与包容。

公司领导者如果"做一天和尚就撞一天钟",那就不是有没有责任感的问题,实际上是企业的灾难。当然,那种既无"德"又无"才"的领导,会被市场迅速地淘汰。

一 点 感 悟

看不出公司存在的问题是管理者最大的问题。终端的问题就是领导的问题。工作要简化，不要简单化。荣誉是领导的，但是失败的耻辱也是领导的。你只能把企业管理得井井有条，欣欣向荣，否则你有马上被替代的危机。

领导者必须学会"弯着身子"管理。尽量公正地待人处事。如果领导对一切事情都能无私公正，那么部下就会原谅他的许多缺点。领导守信用，有能力有水平，对下级坦诚，员工就会从心里尊重你，服从你。领导的权威不是任命带来的。

领导员工必须从管理自己的内心和言行开始。好多领导往往只看见部下的过失，却看不见自己的错误。只有严于律己，才是成功管理的基础。看到并不代表做到，知道并不代表能力。

　　因为你是公司领导，你就认为有权力可以随便给部下难堪，这是一种无能和窝囊。如果接连不断地给部下难堪，而你内心又感觉很快意时，那么就要注意和反省了，否则你的麻烦和灾难会迅速来临。

优秀的领导往往认真倾听任何部下的建议，这样其领导地位会不断提高。通常情况部下都会经过深思熟虑才提出建议，如果你用简单的一个"不"字就否定了，从此他会失去对你的信任和创造的信心。

一 点 感 悟

第三部分

公司领导要有忧患意识。如果感觉个人有"最短板的一块"，就应该尽快把它补上。如果他所领导的团队存在着"一块最短的木板"，也应该尽快把它补上，否则会给其个人和公司带来毁灭性的灾难。

兵熊熊一个，将熊熊一窝！一头雄狮子带领的一群绵羊，可以打败一只绵羊带领的一群雄狮。有一个英明的、有魄力的公司领导对于企业和员工来说，是最大的幸运。

作为一个公司领导，你可以不了解部下的短处，却不能不知道部下的长处。世界上没有十全十美的员工，你要用欣赏的眼光与员工沟通。真诚地爱你的员工吧，反过来他会百倍地爱你和公司。

公司领导赞扬部下是一种非常高超的管理手段。如果你经常发自内心地赞扬部下，你就能够赢得他们的信任，并在公司产生十分强烈而有效的影响力。

　　没有不适的员工，只有不适的公司领导者。两种领导思维：一是内向型思维模式：从内到外，错误的几率低，内耗小。二是外向型思维模式：从外到内，错误的几率多，内耗大。从外转向内，所有的问题就是领导自己的。团队各自责，天晴地宁；团队各相责，天翻地覆。

一 点 感 悟

　　小老板经营事：忙、盲、茫；大老板经营人：用人之所长，到处都是人才。企业管理关键是人才管理，八分人才，九分使用，十分待遇。公司领导决不能搞小圈子，近一二个小人，会失去一群人才，结果把自己搞死。当领导，要亲贤臣，治小人。能用君子是人品，会用小人是智慧。

不同领导者类型：超级领导：死了思想却永存，继续指导前进；一流领导：无为而治，其存在对下属是精神支柱；二流领导，自己不干，下属玩命干；三流领导：自己干，带着下属跟着干；四流领导：自己不干，下属被动干，缺乏激励多说教；五流领导：自己干，下属无事干；六流领导：不知为何干如何干。

作为一个领导，总爱在背后刺探员工的秘密，这种领导当个侦探还可以，却不是一个好领导。不信任员工，其工作情绪无疑会受到挫折。对于善恶过于分明，一旦知道员工的过失，就经常念念不忘，是领导的大忌讳。员工有些小毛病，要装作没看见。

　　口头表扬很重要、很管用。走到哪里都不要吝啬你的赞许。每个员工都盼着领导会赏识他。如果谁工作做得好，领导表扬了他，他不但不会因此骄傲，反而会再接再厉更好工作。

　　对上司谦逊是一种责任，对同事谦逊是一种素养，对员工谦逊是一种尊重。公司领导不能光制定发展战略，核心是要创造适应变革的那种和谐的环境。管理的秘诀一是把有差异的员工通过内部激励机制让其潜能发挥出来，二是创造良好的环境，让员工心情舒畅地工作。

一 点 感 悟

优秀的领导懂得放弃完美，宽容对待部下，明畅的执行力，充分信任与授权，给员工以锻炼的机会，并允许其犯错误，让他自己从错误中学习和提高。

赞美型领导更有魅力，更能够成大事。好部下是鼓励出来的。看破不说破，是管理的艺术。批评使员工知道什么是错的，但常常让其不知道什么是对的。赞美直接告诉其什么是对的，从而避免什么是错的。

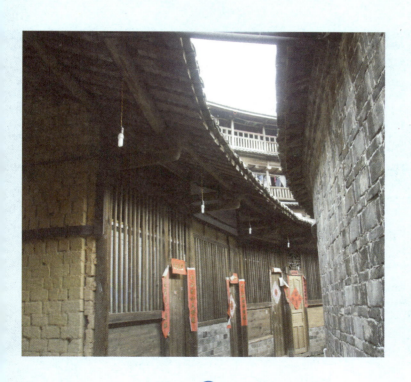

　　领导者必须具备真、善、美的品德，其角色应该是：促进每一个员工学习，让每一个员工敢于向你讲真话。因此，作为领导，怎样才能调动员工的工作情绪？了解下属不快乐的根源并且尽量解决。

经营企业首先是要经营人，经营人首先要尊重部下。一个企业的核心竞争力，关键是看其员工是增值的资产，还是负债的包袱。企业最大的资产是人，而不是物。企业拥有好的人才，并且让其充分发挥，才能快速地发展。

员工齐心，管理用心，对客户真心。领导者杜绝诽谤唯一的办法就是提高自我修养，战胜员工非议的唯一途径就是从我做起。事业做小了是技巧，做大了是为人。

一 点 感 悟

公司领导把自己作为"老大"自居，这是其人生的不幸，也是企业最大的祸根。领导和部下都是人，都有各自的好恶。任人唯亲会激起员工的不满和反抗。如果某人和领导是同乡、朋友或是亲戚，因此被"破格"提升，这样会使企业士气大减，最后导致内乱的悲剧。

　　领导有权力命令部下做事，但若用说服的办法，就会事半功倍。谁也不愿意被人支使，最好的办法是在分配工作任务的时候，加上客气的语句。这样做会产生理想的效果，部下也会心悦诚服。

领导最忌讳的事情是自以为他是领导，比任何员工都聪明，而听不得一点批评或者反对的意见。集思广益，能够听到许多好建议。团队里只有一种声音，这个团队是糟糕的、也是失败的团队。

领导不是万能的，其实每个人都有无知的地方。领导认为自己是万能的，无所不知的，企业的灾难就来到了。应该学习刘备，团结团队的所有力量，就没有什么问题解决不了的。领导的胸怀非常重要，你有多大的胸怀，就做多大的事业。

拿破仑式的管理者没有好下场。在公司里千万别做独裁者，遇事不跟别人商量，自作主张，乱发命令。虽然独裁式的领导作风让你感觉很威风，但是只能带来短暂的快感，到头来惨败的灾星还是你自己。

第四部分

没有英雄干不成事，英雄太多容易出事！企业管理者不是用最好的人才，而是要用最合适的人去做这项工作。

当我的员工不到百名时，我要站在员工前面进行指挥；当员工增加到超过百名时，我必须站在员工中间，恳求员工鼎力相助；当员工达到万人时，我只要站在员工后面，心存感激即可。

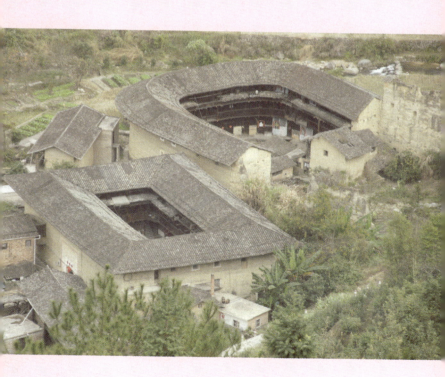

　　企业管理者重在：敬天、遵法与谋势；企业领导不为部下得失着想，就没有"天"，就不会有自己和企业的繁荣；只考虑自己安危是自私狭隘的，他必须与企业共呼吸、共命运。要做事，先做人，真正的企业家永远处众人之下。

一 点 感 悟

　　"困难只是在印证一个人伟大的程度。"领导往往是在部下完成最困难任务的时候发现人才的。这也是考验员工能力大小的最佳方式。

任何时候，管理责任都有一个定量，任何一方如果承担过多的责任，另一方就会相应地减少承担等量责任。领导不能把责任都推给部下，把成绩都归功于自己。

一 点 感 悟

如果把一个企业团体比作一支拔河队，那么管理者一定要去当啦啦队长，这要比去当拔河队里最强壮最有力的那个队员要好得多。

　　抱怨部下只提出问题却不想办法这是不正确的。能提出问题就证明员工在思考。领导应该鼓励他而不是指责他，下一步他就会想出好的办法来。想办法去改变爱发牢骚的员工，让其要么自己去做事，要么帮助别人做事。

　　批评部下做错了，只是平庸的领导。指出部下错在哪里，只是一般的领导。告诉部下怎样做对，是不错的领导。心平气和地教授部下将来避免犯同样的错误，才是英明的领导。

　　优柔寡断的领导是最糟糕的领导，最后会把公司折腾垮。领导的优柔寡断会使部下变成一群无头蚂蚁，既找不到食物，又找不到回家的路。如果真面临无法决断的问题，领导首先要做的就是充分听取部下的意见，即使没有得到最上策的建议，也会从中得到启发。

灵活要有原则，原则却不能灵活。富有领导艺术的领导，往往没有领导的架子。只有内心空虚、不自信的领导，才会到处摆架子。如果领导说到却没做到，那么领导就会失去信用，甚至没有一点领导权威。

一 点 感 悟

公司领导总想自己比部下高出一筹，就会挫伤部下的积极性。过分自负只能让别人体察到你内心深刻的自卑情结。员工一般都会回避和讨厌那种过于自负和自恋的领导。

用人不疑，疑人不用。你越用挑剔的眼光去观察部下的缺点，你就越会不信任、排除部下。公司宽松的环境是领导和员工一起营造的，但是主要责任在领导。

关心部下的生活永远是最好的管理方式之一。当人面称赞部下，电话里委婉批评员工。经常称赞部下，尤其是对外人称赞，会让人觉得你是一个有能力的领导。而如果总对外人抱怨部下，则会让人觉得你是一个无能的领导。当着一个部下的面批评另一个部下是最严重的失误。

　　领导不要害怕部下的能力超过自己，相反你应该高兴，认为自己有能力去管理他们。管理就是要任用比自己强的人给自己工作。譬如武大郎开店，武大郎一米五，部下分别是一米三、一米二、一米，领导确实是全公司最高的，但这个领导是最烂的领导，这样的管理其实是衰退式管理。

领导必须明白，什么应该听，什么不应该听。有些难听的话能够听而不闻。遇事从容则有勇气，管理从容则有艺术。

一 点 感 悟

对公司领导来说，部下肯对自己说真话是一种幸运。总是围绕你的不一定忠诚，总是提反对意见的未必有恶意，总有小毛病的可能成大事。

　　用好人才，管理好人才，是企业成败的关键。公司领导唯有懂得欣赏不同员工的长处，才能领导和团结更多的人。市场竞争，说到底是人才的竞争，也是员工素质的竞争。领导不能凭个人的好恶来用人，应该人尽其才，宽容与自己性格不合的人，并且尽量发挥其特长。

你希望员工怎样对待你，你就应该放下领导的架子，谦和地对待部下和所有的员工。不要不顾员工的自身感受，只把他们当作一种简单的劳动力来使用。

　　好的管理者是把出主意和用人有机地统一起来。能够真诚自然地实行管理行为，既能表现出领导者的胸怀，也能产生管理效益。

　　领导力四个境界：1.员工因为你的岗位而服从你；2.员工因为你的能力而听从你；3.员工因为你的培养而感恩你；4.员工因为你的魅力而拥戴你。

一 点 感 悟

第五部分

　　一个好的公司与一个不好的公司其管理的根本区别在于，即使员工被裁掉，其还是很热爱这个公司。公司管理的宗旨应该是"让员工愉快工作，让公司健康发展，给股东最大回报，承担社会责任"。

企业要成功，管理上非得有胆量不可。一个没有胆识的领导，再好的机会到来，也不敢去掌握与尝试。虽然其没有失败的机会，但也失去了成功的机运。

　　若要求部下表现优良，就必须关心、鼓励他们，让他们对工作感兴趣，有荣誉感，让其知道他的工作是整个工作中重要的一环。

　　企业管理界"十诫"：一诫奋斗目标不明确，二诫扭曲雇用关系，三诫结党营私、玩弄权术，四诫以公司资源充当个人赌注，五诫自恃无人替代，六诫疏于保护个人的信誉，七诫既无反对勇气更缺乏接受的胸襟，八诫对企业欠缺归宿感，九诫荒废专业技能，十诫堵塞跳槽渠道。

公司不能人尽其才，是管理者最可悲的事情。一个员工怨声载道的企业，肯定不是好企业。一个专搞结党营私小团体的企业，其领导者的寿命也不长久。

一 点 感 悟

没人甘心做木偶，任人随意摆弄。员工不喜欢领导独自安排一切，也想参与制订计划和讨论。管理者应该发挥部下的积极性和智慧。

公司昨天的成功经验与辉煌可能是明天成功的阻碍。积极心态的领导在每一次忧患中都看到一个或者几个机会，而消极心态的领导则在每个机会中都看到某种或者多种忧患。

许多时候不是细节决定成败，而是细节的选择决定成败。领导首先要把握全局，然后才是关注细节。管理者必须知道，拿着显微镜是看不见大象的。

管理上再大的事情，一旦背离了做人的道德底线，就没有任何意义。管理者一定要把自己当人，而不要当神来看待。一定要把部下当亲人，而不要当奴仆来对待。

一个企业家真正的价值取决于对其所履行的管理职能的定位、判断和执行。管理上的瞎忙碌并不值得同情，没有效率、没有目标的忙碌，还不如静静地去看一本管理的书。

一 点 感 悟

　　管理者如果不能自我反省的话，基本上也就不具备管理决策能力，因为世上没有不犯错误的人，管理与实施过程中，有一个不变的规律，这就是实施、总结、修正的过程。

一味地增加员工、扩充机构，而不改善员工的素质、管理和制度，好日子是维持不了多久的。虽然培训很贵，但是不培训更贵。

不要抱怨有些事情难以做到，所以没有了斗志。因为管理者失去了斗志，那些事情才难以做到。当管理者手指着员工批评的时候，别忘了还有三个手指头是指着自己的。不要抱怨设备不好，企业所有的质量问题，首先都是人的问题，当然管理者是主要的问题。不是零部件的不合格，是人的不合格。

　　要结果，不要过程。要效果，不要借口。管理无小事，许多大事就在小事之中。没有思路就没有出路。公司发展不起来的问题都是思路问题，不是缺人是缺思路，不是缺产品是缺思路。

合作是一切团队繁荣的根本。大成功靠团队，小成功靠个人。大多数公司的成功，管理者的贡献平均不超过两成。任何组织和企业的成功，都是靠团队而不是靠个人或者小团伙。

一 点 感 悟

只能一次选定一个目标，咬住不放，锲而不舍。再冷的石头，坐上三年也会暖。 成功最大的障碍，就在于放弃。企业管理就像爬阶梯一样，必须一步一阶，终必抵达山顶，丝毫取巧不得。

三流的点子加一流的执行力，永远比一流的点子加三流的执行力更好。个体执行力差，是个人的能力问题；整体执行力差，是公司的管理问题。

全世界没一个质量差、光靠价格便宜的产品能够长久地存活下来的公司。质量管理是维护顾客忠诚的最好保证。产品好似人品，次品犹如敌人。如果不在质上斤斤计较，就难以在量上绰绰有余。

　　成功一定有方法，失败一定有原因。让部下把简单的工作练到极致，就是绝招管理。不应把管理的重点放在不断改进员工的缺点，把员工培养成"完人"，而应经常分析发现员工的优点，并持续不断发扬光大，形成员工独特的优势，成为某一个方面、某一种技术、某一个点上的专家、强人！这是最成功的管理方法。

　　好公司与坏公司的区别：1.好公司注重客户管理，对事不对人；坏公司注重项目为中心，对人不对事。2.好公司把时间和精力花在公司外部，营造和谐环境；坏公司把时间和精力耗在内部，小圈子文化。3.好公司很少决策，有机制保障；坏公司天天决策，没有目标，时时怀抱管理与经营的地雷。4.好公司以人为本，发挥各人所长；坏公司任人唯亲，逆向淘汰，劣币驱逐良币。5.好公司专注专业化，学会选择和放弃；坏公司什么都想做，结果风险叠加。